Dur, dur d'être malade !

Un livre-baume pour les enfants malades ou hospitalisés

Textes de
Tom McGrath

Illustrations de
R. W. Alley

ÉDITIONS
DU SIGNE

ÉDITEUR :
ÉDITIONS DU SIGNE
BP 4
67038 STRASBOURG CEDEX 2
Tél. (00-33) (0) 3 88 78 91 91
Fax (00-33) (0) 3 88 78 91 99
e-mail : info@editionsdusigne.fr
www.editionsdusigne.fr

Textes :
Tom McGrath

Traduction :
Nadine Deffieux - Didier Dolna

Illustrations :
R.W. Alley

Version originale publiée aux USA
Titre original : «When you're sick or in the hospital»
Texte © 2002 Tom McGrath
Illustrations © 2002 St Meinrad Archabbey
Édité aux USA par One Caring Place - Abbey Press - St. Meinrad, Indiana 47577

ISBN 10 : 2-7468-1703-9
ISBN 13 : 978-2-7468-1703-6

Imprimé en Espagne par Soler, Barcelone

À l'attention des parents, des enseignants et de tous ceux qui s'occupent d'enfants

La maladie est effrayante pour tous, et particulièrement pour les enfants. Devant l'agression que constitue une maladie, l'enfant est inquiet et désorienté ; il peut même éprouver un sentiment de culpabilité. Ceux qui sont souvent malades peuvent aussi à la longue se couper de leurs amis et de toute vie sociale. L'enfant malade peut se sentir seul et abandonné.

Les enfants ont besoin d'adultes attentionnés pour les aider à traverser l'épreuve de la maladie, du traitement médical ou de l'hospitalisation. Les examens et les traitements qu'ils auront à subir, bien que nécessaires et bons, peuvent être douloureux, contraignants et difficiles à comprendre. Le personnel médical qui s'occupe de votre enfant a beau être expert dans son domaine, il n'a certainement pas compétence pour comprendre et gérer la psychologie de votre enfant, notamment ses émotions et ses craintes.

Accompagnez votre enfant pendant sa maladie. Soyez présents le plus possible, expliquez-lui honnêtement ce qui arrive. Rassurez-le et trouvez des moyens pour qu'il ne perde pas le contact avec la vie normale. En la circonstance, devenez son avocat et un ami en qui il ait toute confiance.

L'adulte qui s'occupe d'un enfant malade doit maîtriser sa propre anxiété afin d'être vraiment disponible pour l'enfant. Quand un enfant ne va pas bien, ça fait mal à ceux qui l'aiment de le voir endurer pareille épreuve. Il ne faut pas pour autant s'apitoyer à l'excès, verser dans la guimauve, ni à l'inverse manifester l'indifférence d'un cœur de pierre. Ni bien sûr tourner les talons et s'enfuir, ce qui serait le pire.

Vous pouvez, comme le dit la chanson, « être un pont sur de l'eau trouble » pour un enfant malade, une présence apaisante, quelqu'un en qui il va puiser sa force ; vous pouvez être sa connexion au monde.

Lisez ce livre avec votre enfant. Puisse-t-il vous réconforter et vous aider tous les deux à traverser le noir pays de la maladie vers les soleils de l'espoir et de la guérison.

—*Tom McGrath*

Ce n'est pas drôle
d'être malade

Quand tu es malade, ton corps va mal.
Tu n'as plus envie de faire ce que tu fais
d'habitude. Tu dois parfois subir des examens
ou des piqûres, absorber des médicaments
qui ont mauvais goût. Parfois même il faut
aller à l'hôpital.

Personne n'a envie d'être malade. Ça met
en colère, ça rend triste, ça fait peur. Pour
mieux supporter cette épreuve, renseigne-toi
sur ta maladie, essaie de la comprendre,
et de comprendre comment tu peux guérir.

Souviens-toi qu'il y a beaucoup de gens qui
t'aiment et qui pensent à toi. Ils sont prêts à
faire tout ce qu'ils peuvent pour que tu ailles
mieux.

La vie est différente

Quand on est malade, la vie change.
Impossible de courir ou de jouer comme
d'habitude. Finis les sorties avec les copains,
les matchs de foot et les goûters d'anniversaire.

À l'hôpital, tout est différent, notamment la
nourriture et la chambre que tu devras peut-être
partager avec quelqu'un que tu ne connais pas.

Dans un hôpital, il y a beaucoup de mouvement,
d'agitation, de bruit, et ce n'est pas rassurant.
Bien qu'un hôpital puisse sembler étrange,
tout ce qui s'y passe est fait pour guérir,
pour te guérir.

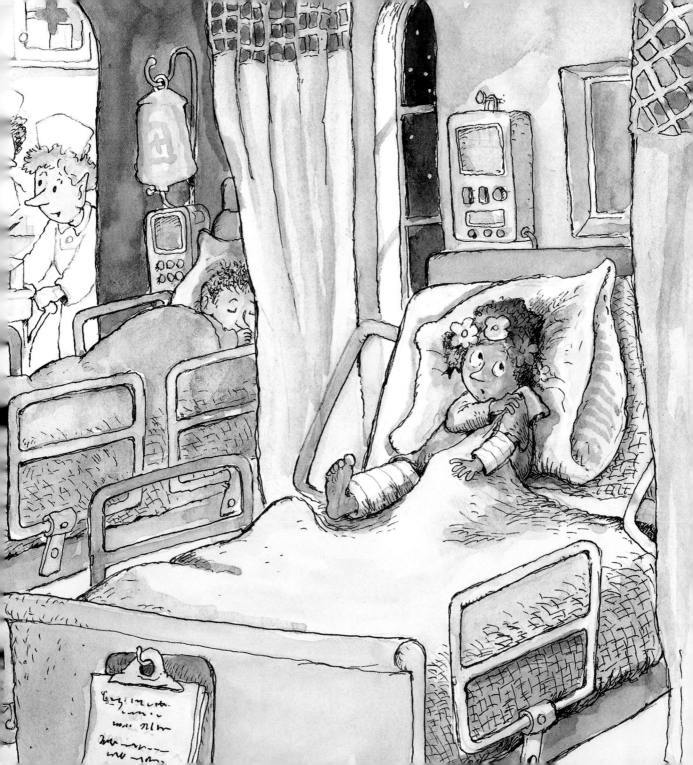

C'est normal
d'être en colère ou triste

Quand tu es malade,
tu peux être de mauvaise humeur ou en colère,
ou te sentir seul et triste ; mais le plus souvent
tu te sens mal tout simplement.

C'est normal d'éprouver cela quand
on est malade. Au fur et à mesure que
tu iras mieux, tout redeviendra comme avant.

Parle de ce que tu éprouves à quelqu'un
qui peut te comprendre, à tes parents,
à l'infirmière, ou à ta tante quand
elle vient te voir.

Pose des questions

Si tu ne comprends pas ce qui ne va pas,
si tu te demandes ce qui va t'arriver,
pose des questions au docteur, à l'infirmière
ou à tes parents :

Pourquoi est-ce que je dois prendre
ce remède ?
Pourquoi est-ce que je dois rester au lit ?
Quand est-ce que je pourrai me lever
et recommencer à jouer ?

Les adultes ne connaîtront pas toujours toutes
les réponses. Pose tes questions quand même
pour que les personnes qui s'occupent de toi
sachent ce qui te trotte dans la tête.

Garde le contact

Quand tu es malade ou que tu es à l'hôpital,
tu ne peux pas être avec ta famille
et tes amis comme d'habitude.
Tu risques de te sentir seul.

Même s'ils ne peuvent pas être avec toi,
ta famille et tes amis t'aiment toujours et
pensent à toi. Garde près de toi quelque chose
qui te rappelle ta maison et ta famille, comme
ta peluche préférée, une photo de ta famille,
ou une écharpe imprégnée du parfum
de ta maman.

Quand j'avais sept ans et que j'étais malade à
l'hôpital, mes camarades de classe m'ont écrit
des lettres et ont fait des dessins pour moi.
Ça m'a permis de garder le contact avec les
autres. J'ai toujours conservé ces lettres !
Vois si tes amis peuvent t'envoyer des lettres
et des dessins.

Ne te sens pas coupable

Personne ne veut être malade ou blessé. Mais même si on fait très attention à soi, même si on évite de prendre des risques pour ne pas avoir d'accident, il arrive malgré tout qu'on tombe malade ou qu'on se blesse.

Si tu as attrapé un mauvais microbe, si tu as eu un accident, s'il y a quelque chose dans ton corps qui ne fonctionne pas normalement, ce n'est pas de ta faute. Ce qui t'arrive n'est pas une punition pour avoir fait quelque chose de mal.

Ce qui compte surtout c'est de mobiliser toute ton énergie pour aller mieux. Et pour cela, écoute les docteurs et tous ceux qui s'occupent de toi et fais ce qu'ils te disent.

Si tu as peur, dis-le

La maladie et les traitements, c'est normal
que ça fasse peur. Aussi ne sois pas surpris
si tu éprouves de la peur.

La meilleure chose à faire si tu as peur,
c'est de le dire ouvertement. Alors ce n'est
plus un secret et les adultes qui s'occupent
de toi vont pouvoir t'aider.

Ils peuvent te tenir la main, ou te parler pour
te distraire et te faire oublier que tu as peur.
Le seul fait d'être plus calme pourra aider
ton corps à aller mieux.

Quand ça fait mal

Parfois ce que les docteurs font pour te soigner peut te faire plus mal que la maladie elle-même. Mais tout ce qu'ils font, c'est pour te guérir.

Une piqûre, ce n'est pas amusant, mais c'est quand on ne peut pas faire autrement pour que le médicament aille dans ton corps. Les infirmières et les docteurs ne font pas exprès de te faire du mal. Chaque fois que c'est possible, ton papa et ta maman resteront avec toi pendant les soins qui font mal et ça se passera toujours mieux si tu te laisses faire sans te débattre.

Plus tard, quand tu seras grand et que tu feras tes études, tu pourras peut-être essayer de trouver un traitement plus pratique et moins douloureux pour les enfants qui souffriront de la même maladie que toi en ce moment. C'est une bonne idée, non ? Penses-y.

Avoir peur mais être courageux

Les pompiers, les policiers et tous ceux qui aident les personnes en danger éprouvent souvent la peur, mais ils l'affrontent avec courage. Leur métier c'est d'aider les autres et ils doivent faire leur devoir.

Avoir du courage, ça ne veut pas dire qu'on n'a pas peur. Ça veut dire que la peur n'empêche pas de faire ce qu'on doit faire.

Toi aussi tu es très courageux quand tu supportes ton traitement ou ton hospitalisation, quand tu fais de gros efforts pour aller mieux. Les personnes qui t'entourent sont fières de toi et de ton courage.

N'oublie pas de prier

Beaucoup de personnes prient quand
elles sont malades ou qu'elles se sentent seules.
Tu peux prier tout seul ou avec quelqu'un.

À l'hôpital, il y a un aumônier. Il peut t'aider
à te rapprocher de Dieu. Il peut prier avec toi.
Tu peux aussi lui parler de ce que tu ressens,
il t'écoutera.

Tu peux aussi compter sur ton ange gardien
qui est constamment avec toi et qui te protège.
Les anges gardiens nous rappellent que Dieu
est toujours avec nous et qu'il nous aime.

Si tu veux, tu peux faire cette petite prière :
« Mon Dieu, je ne me sens pas bien.
S'il te plaît, aide-moi à aller mieux.
Reste près de moi pendant ma maladie
et fais-moi savoir que tu m'aimes. Amen. »

Amuse-toi

En temps normal, tu vas dehors pour courir
et jouer. Quand tu es malade, on te l'interdit,
mais ce n'est pas une punition,
c'est pour que tu guérisses.

Tu peux toujours trouver un moyen de
t'amuser. Garde près de toi un jouet que
tu aimes particulièrement : une peluche,
une poupée ou une figurine. Tu peux aussi
jouer avec ta console vidéo ou lire ton livre
préféré.

Si dans ton hôpital il y a une salle de jeux,
tu pourras en profiter dès que tu seras assez
bien pour te lever.

Positive

Quand j'étais petit, je me suis retrouvé à l'hôpital. C'était l'hiver. Par la fenêtre je voyais des enfants descendre en luge une pente enneigée. D'abord, j'étais triste parce que j'étais cloué au lit. Mais je me suis remémoré les fois où moi aussi je faisais des bonshommes de neige et de la luge, et ça m'a rendu heureux.

Quand tu t'ennuies ou que tu te sens seul, rappelle-toi les fois où tu jouais avec tes amis, à la plage, en vacances. Des pensées heureuses peuvent aider ton corps à guérir.

Pense à des choses amusantes qui sont arrivées à l'école, ou à un film rigolo. S'il y a quelqu'un avec toi dans la chambre, vous pouvez vous raconter des histoires drôles.

Raconte ton histoire

Quand tu es malade ou que tu es hospitalisé,
tu as l'impression de tout subir et de ne rien
pouvoir faire.

Essaie d'écrire ce que tu vis, soit sous forme
d'un journal intime, soit sous forme d'une
histoire destinée aux enfants de ton âge
qui ont à vivre la même épreuve que toi
et que ton histoire pourrait aider.

Demande à ta famille de te fournir le matériel
dont tu as besoin et de t'aider à faire ce livre.
Tu pourras le garder et en être fier longtemps
après ta guérison.

La lumière qui est en toi

Quand tu es malade, ton univers s'écroule
au point que tu peux te demander
si les choses s'arrangeront jamais.

Mais il y a, au plus profond de ton être,
une part de toi qu'aucune maladie ne pourra
jamais atteindre. C'est ce qu'on appelle l'âme.
C'est cette part de toi qui fait que tu es TOI et
qui te relie à Dieu. C'est elle qui te rend fort
et courageux. Elle est en toi comme un soleil
qui ne s'éteindra jamais.

À chaque fois que tu te sens mal, va dans cette
région lumineuse de ton être pour y ressentir la
bonté et l'amour de Dieu. Retrouve le bien-être.

Tom McGrath est l'auteur de « *Stress Therapy* » publié chez Abbey Press et de « *Raising Faith-Filled Kids : Ordinary Opportunities to Nurture Spirituality at Home* » publié chez Loyola Press. Il écrit le bulletin mensuel à destination des familles « *At Home with Our Faith* » pour les éditions Claretian. Tom est aussi le rédacteur en chef de *True Quest Communications*.
Il vit à Chicago avec sa femme Kathleen, ses deux filles Judy et Patti et leur chat Missy.

RW Alley est l'illustrateur d'une série populaire pour adultes et enfants publiée par la collection « Elf Help » (traduite et publiée par les éditions du Cerf dans la collection : Un temps pour…).
Il est aussi l'auteur et l'illustrateur de plusieurs autres livres pour enfants. Il vit à Barrington dans le Rhode Island avec sa femme, sa fille et son fils.